Club PRISMA

MÉTODO DE ESPAÑOL PARA JÓVENES

A2
B1

Nivel intermedio

LIBRO DE EJERCICIOS

Paula Cerdeira
Ana Romero

Edi
numen

1.ª edición: 2008
2.ª impresión: 2009
3.ª impresión: 2010
4.ª impresión: 2012
5.ª reimpresión: 2013

© Editorial Edinumen, 2008
© Paula Cerdeira y Ana Romero

ISBN: 978-84-9848-019-1
Depósito Legal: M-19852-2013
Impreso en España
Printed in Spain

Coordinación pedagógica:
María José Gelabert

Coordinación editorial:
Mar Menéndez

Ilustraciones:
Carlos Yllana

Diseño y maquetación:
David Prieto y Antonio Arias

Imprimesión:
Gráficas Glodami. Madrid

Editorial Edinumen
José Celestino Mutis, 4
28028 - Madrid
Teléfono: 91 308 51 42
Fax: 91 319 93 09
e-mail: edinumen@edinumen.es
www.edinumen.es

Extensión digital de *Club Prisma A2/B1*: en la **ELEteca**, puedes encontrar, con descarga gratuita, materiales que amplían y complementan este método.

La Extensión digital para el **alumno** contiene los siguientes materiales:

■ Prácticas interactivas
■ Test de repaso

Recursos del alumno:

Código de acceso

98480184

www.edinumen.es/eleteca

La Extensión digital para el **profesor** contiene los siguientes materiales:

☐ Materiales de cultura
☐ Fichas fotocopiables
☐ Transparencias

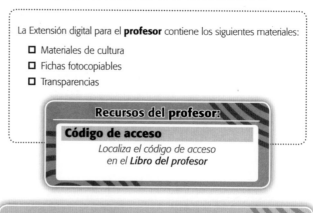

Recursos del profesor:

Código de acceso

Localiza el código de acceso
en el Libro del profesor

En el futuro, podrás encontrar nuevas actividades. **Visita la eleteca**

Unidad 1

1.1. ¿Recuerdas a Hiro? Continúa estudiando español con nosotros, en *Club Prisma*. Está haciendo un repaso del presente de indicativo, ¿por qué no lo ayudas y escribes a qué persona pertenecen las siguientes terminaciones?

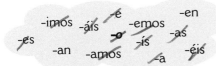

-imos · -áis · -é · -emos · -en
-es · -o · -ís · -as
-an · -amos · -a · -éis

Yo ► -o   Nosotros/as ► *imos onas oros*
Tú ► *es as is* Vosotros/as ► *aij eis*
Él, ella, usted ► *e a* Ellos/as, ustedes ► *an en*

1.2. ¿Cuál es el sujeto del verbo en las siguientes frases?

> Yo · Tú · Hiro
> Teresa y yo · Miguel y tú · Jaime e Isabel

a. Siempre llevas camisetas rojas. ¿tanto te gustan? → *te*

b. ¿Qué estáis haciendo? Ya es tarde.
   → *vosotros*

c. ►El viernes vamos al cine. → *Nosotros*
   ► Sí, pero elijo la película. → *yo*

d. Cantan fatal, deberían dedicarse a otra cosa. → *ellos*

e. Habla muy bien español porque estudia mucho. →

1.3. a. Lee el texto y subraya los verbos en presente. Escribe su infinitivo.

> Un hombre pobre pobre va caminando por un bosque y se encuentra en el camino con un viejo amigo. Este amigo tiene un poder sobrenatural que le permite hacer milagros. Empiezan a hablar y el hombre pobre se queja de las dificul-

> tades de la vida, entonces el amigo toca con el dedo una piedra y la convierte en oro. Se la da al pobre, pero este dice que eso es muy poco. El amigo toca con el dedo la estatua de un león y la transforma en oro y se lo entrega al pobre, que sigue diciendo que es muy poco.
> –¿Qué más deseas, pues?
> –Quiero tu dedo –contesta el pobre.
>
> Adaptado de *El dedo*, de Feng Meng-Lung

1.	*va* ► *ir*	11.	►
2.	►	12.	►
3.	►	13.	►
4.	►	14.	►
5.	►	15.	►
6.	►	16.	►
7.	►	17.	►
8.	►	18.	►
9.	►	19.	►
10.	►		

b. Clasifica los verbos anteriores en regulares e irregulares y después escribe los irregulares en la columna adecuada.

Regulares	Irregulares
	ir

e►ie o►ue	e►i	1.ª persona singular	Doble irregularidad	Totalmente irregular
				ir

1.4. **Completa con la forma correcta del presente.**

a. Ya _se terminan_ (terminarse) las vacaciones. ¡Qué pena!

b. Mis padres _pasean_ (pasear) todas las tardes por la rambla.

c. Todavía no _conozco_ (conocer, yo) al nuevo novio de Lola.

d. Isabel _viaja_ (viajar) todos los años a Portugal.

e. Julián y Candy _hacen_ (hacer) siempre muchas fotos.

f. ¿Por qué no ~~me cuentes~~ _cuentas_ (contar, tú, a mí) un cuento?

g. Tus hermanos _juegan_ (jugar) al baloncesto o al balonmano?

h. El profesor _dice_ (decir) que hoy no ~~pone~~ _nos pone_ (poner, a nosotros) deberes.

1.5. **Completa las frases con la forma correcta de los siguientes verbos.**

~~odiar~~ _doler_ • poder • ~~ir~~ • ~~ser~~ • haber • ~~oler~~
vivir • ~~tener~~ • saber • ponerse • sonar

a. David _vive_ en una ciudad que no _tiene_ mar.

b. Jorge _huele_ bien porque siempre ~~dice~~ _se pone_ colonia.

c. Cada día ~~ves~~ _suenan_ las campanas de la iglesia a las doce en punto.

d. ¿Todavía (tú) _vas_ al gimnasio los martes y jueves?

e. ¿No (vosotros) _podéis_ ir más rápido? Ya _es_ muy tarde.

f. (Yo) _odio_ madrugar. No me gusta nada.

g. Tú no ~~odias~~ _sabes_ lo que ha pasado, así que cállate.

h. En ese árbol _hay_ un nido con huevos. _aves_

1.6. **Sustituye los verbos marcados en negrita por un sinónimo. Conjuga el verbo en su forma correcta del presente de indicativo.**

caminar	hallarse	narrar
transformarse	cruzar	charlar
comprender	regresar	observar

Ej.: A Mayumi le encanta **andar** por la ciudad.
A Mayumi le encanta *caminar* por la ciudad.

a. ¿Qué **contemplar** (tú) con tanta atención? ► _____

b. Las Ramblas **encontrarse** en Barcelona. ► _____

c. Hiro y Mayumi **hablar** a todas horas. ► _____

d. Nosotros no **entender** nada de lo que dice el profesor. ► _____

e. ¿A qué hora **volver** (vosotros) del instituto? ► _____

f. Al final del cuento el patito feo **convertirse** en cisne. ► _____

g. Para ir a mi trabajo tengo que **atravesar** la ciudad. ► _____

h. Fran **contar** sus historias una y otra vez. ► _____

1.7. **a. Completa con la forma correcta del presente.**

1. Charo _____ (levantarse) todos los días a las siete, _____ (ducharse), _____ (desayunar) y _____ (ir) a trabajar.

2. ► ¿Qué _____ (hacer, tú)?
   ► _____ (Buscar) información para mi trabajo de ciencias.
   ► ¿_____ (Necesitar) ayuda?

3. Mercado: _____ (ser) un sitio público destinado a comprar o vender alimentos.

4. La casa de mi abuela _____ (ser) un antiguo caserón de piedra y _____ (tener) un balcón que siempre _____ (estar) lleno de flores.

5. ► ¿Qué te ha pasado en la frente?
   ► Que ayer _____ (entrar) en casa, mi perro _____ (empezar) a saltar encima de mí y... al suelo.

b. ¿A qué uso del presente se refieren las frases anteriores?

Definición.
Hablar de acciones habituales.
Hablar de lo que se hace en este momento.
Narrar acciones pasadas para dar más expresividad a la narración o acercarlas al presente.
Describir.

1.8. a. **Descubre el sustantivo escondido.**

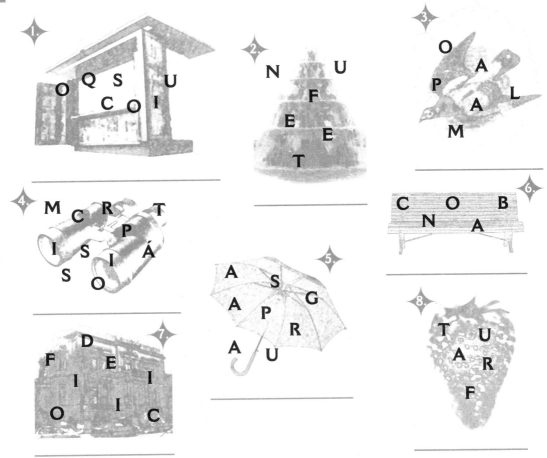

b. **Completa las definiciones y di a cuál de los sustantivos anteriores se refiere.**

	Ave domesticada. _____ (Haber) muchas variedades y _____ (diferenciarse) por el tamaño o el color.
	Asiento en la calle que _____ (poder) tener respaldo o no y en el que _____ (sentarse) las personas.
	Construcción pequeña que _____ (instalar, ellos) en la calle para vender periódicos, revistas, flores, etc.
	Utensilio que _____ (usar, nosotros) cuando _____ (llover).
	Aparato del que _____ (salir) agua y que _____ (estar) en jardines, calles o plazas.
	Comestible que _____ (nacer) de plantas cultivadas. Algunos ejemplos son la pera, la manzana, las cerezas, etc.
	Instrumento con el que _____ (ver, nosotros) cosas que _____ (estar) lejos.
	Construcciones que _____ (haber) en las ciudades, _____ (poder) ser casas, teatros, museos, etc.

1.9. a. **En esta serpiente están escondidos los doce verbos irregulares del futuro. Separa los infinitivos y localízalos.**

b. **Clasifica los verbos anteriores según su irregularidad.**

-e- ➡ Ø	-e- / -i- ➡ -d-	Totalmente irregular

c. **Escribe la forma correcta del futuro imperfecto y encuentra la palabra secreta.**

1. SABER: 3.ª persona singular.
2. VALER: 3.ª persona plural.
3. QUERER: 3.ª persona plural.
4. CABER: 2.ª persona plural.
5. DECIR: 1.ª persona plural.
6. SALIR: 2.ª persona singular.
7. PONER: 2.ª persona plural.
8. TENER: 1.ª persona singular.
9. HACER: 1.ª persona plural.

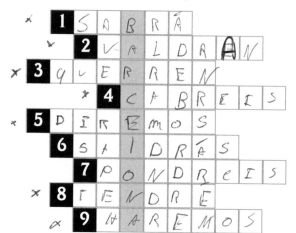

1. S A B R Á
2. V A L D R A N
3. Q U E R R E N
4. C A B R E I S
5. D I R E M O S
6. S A l D R Á S
7. P O N D R E I S
8. T E N D R E
9. H A R E M O S

La palabra secreta es: _Barcelona_

d. **Completa las frases con los verbos anteriores.**

1. ¿Crees que Pilar y Javier _querran_ venir a la fiesta?
2. ▶ ¿_Saldrás_ este sábado?
   ▶ No sé, porque tengo que estudiar un montón.
3. El mes que viene _tendré Haremos_ una excursión a Montserrat.
4. ▶ ¿Seguro que _cabreis_ todos en tu salón?
   ▶ Sí, claro.
5. Si no se me va el resfriado _tendré_ que ir al médico.
6. En la reunión le _diremos_ al jefe que queremos salir antes.
7. ¿_Sabrá_ Horacio lo que ha dicho de él María?
8. ▶ ¿Cuánto _valdran_ las nuevas zapatillas de Nike?
   ▶ ¡Uf! Una pasta, seguro.
9. Cuando os entregue el examen, en primer lugar _pondreis_ vuestro nombre.

1.10. **Hiro sueña con ir a las próximas olimpiadas. Fíjate en los dibujos y escribe qué deportes practicará. Usa las siguientes palabras.**

> maratón • hacer • peso • oro • saltar • jabalina • medalla
> correr • levantar • gimnasia • trampolín • lanzar • ganar

a. _____   c. _____   e. _____

b. _____   d. _____   f. _____

1.11. a. **Completa el texto con la forma correcta del futuro imperfecto.**

Olimpiadas 2012: Londres _____ (organizar) *los juegos de la trigésima olimpiada.*
Los Juegos Olímpicos de 2012 _____ *(disputarse)* en Londres. Los miembros del
Comité Olímpico británico aseguran que _____ *(ofrecer)* multiculturalidad y magia y
que _____ *(ser)* unos juegos inolvidables. También prometen que _____ *(mejorar)*
las instalaciones deportivas y los medios de transporte y afirman que las casas para los de-
portistas _____ *(ser)* espectaculares.

b. **Marca la opción correcta y justifica tu respuesta.**

El texto anterior es:

☐ informal   ☐ formal

Porque…

1.12. a. **Relaciona.**

1. Gabriel no ha salido en toda la tarde de su habitación.	a. Serán de Natalia, siempre las deja por ahí.
2. Susana y Elena no han probado el salmón.	b. Será su color favorito.
3. Carolina no ha venido a clase.	c. No querrá ver a Rosa, creo que están enfadados.
4. ¡Qué raro! Mi novio no me ha llamado todavía.	d. Tendrá miedo al avión.
5. He encontrado unas llaves.	e. Tendrá gripe, ayer le dolía mucho la cabeza.
6. Santi no ha venido a la fiesta.	f. Estará estudiando.
7. ¿Por qué Aníbal viaja siempre en autocar?	g. No les gustará el pescado.
8. Jaime siempre viste de azul.	h. No se acordará de que es tu cumpleaños.

1.	2.	3.	4.	5.	6.	7.	8.
F	G	E	H	C	A	D	B

b. **Marca cuál de los siguientes usos del futuro corresponde a las frases anteriores.**

☐ Hablar de planes.   ☐ Hacer promesas.   ☐ Hacer conjeturas.

1.13. **Transforma como en el ejemplo.**

Ejemplo: No regar (tú), plantas / secarse
Si no riegas las plantas, se secarán.

a. Terminar (yo), pronto, deberes / jugar (yo), consola
Se terminaró, pronto los deberes, jugaré a la consola

b. Venir (tú), conmigo, sábado / invitar (yo), a ti, cine
Si vienes Vienes conmigo sábado, invitaré al ciné

c. Comer (tú), mucho, chocolate / doler, a ti, estómago
_____

d. Hablar (nosotros), en clase / profesora, castigar
_____ *nos castigara* ___

e. Víctor, no llamar, a mí / enfadarse (yo)
_____

f. Aprobar (yo), todo / mis padres, regalar, a mí, bicicleta
_____

1.14. **Encuentra el intruso y justifica tu respuesta.**

1	2	3	4
Paseo	Cuento	Escalera	Querré
Calle	Salgo	Espejo	Sabré
Edificio	Juego	Cuchillo	Cabré
Avenida	Vuelvo	Azúcar	Podré
Rambla	Puedo	Sal	Pondré

Columna 1: _____
Columna 2: _____
Columna 3: _____
Columna 4: _____

Unidad 2

2.1 a. **Fíjate en las siguientes formas verbales de pasado y clasifícalas en la columna adecuada.**

comieron   han ido   regresé   tenían   se ha divertido   bajé   estuvo

charlabas   dormías   rompió   has estado   he descansado   me quedaba

Pretérito indefinido	Pretérito imperfecto	Pretérito perfecto
comían / comior regrese rompío bajo estuve	me quedaba charlabas	

b. **Escribe los verbos en infinitivo en la forma correspondiente del pasado. Completa los espacios con número con las formas del apartado anterior.**

1. Carlos y María no _bañarse_ (bañarse) porque _estuvo_ (1) frío.
2. Cuando _rompío_ (2) a casa, tú ya _he descansado_ (3). ¿A qué hora te acostaste?
3. Juan dice que _me quedaba_ (4) mucho estas vacaciones porque _reunirs_ (reunirse) toda su familia al completo. se ha reunido
4. Fran no _fue_ (ir) a la fiesta de cumpleaños ayer. _Se ha divertido_ (5) en mi casa viendo la final de tenis. ¡_ganó_ (ganar) Rafa Nadal!
5. ¡Enhorabuena! Lo _has hecho_ (hacer) muy bien y _bajé_ (6) muy tranquilo.
6. Siempre que _tenía_ (tener) un poco de tiempo, _se había_ (7) en casa para descansar.
7. A mí ese chico me _caía_ (caer) muy mal, en cambio tú _reías_ (8) siempre mucho con él.
8. ¿Sabes adónde _regresé_ (9)? Son las diez y todavía no han regresado.
9. Sé que ayer _fueron_ (ir, ellos) a casa de Ana y **comieron** (10) todos allí. Además, su madre hace unas paellas riquísimas.
10. Marta _estaba_ (estar) tan nerviosa que al final _bajaba_ (11) a llorar.
11. Este fin de semana _recogí_ (coger, yo) fuerzas para toda la semana. ¡_he estado_ (12) tanto!
12. Cuando _llamé_ (llamar, tú) al telefonillo, _rompió_ (13) enseguida.

2.2. **Relaciona las formas verbales del pasado con sus diferentes usos y ejemplos correspondientes.**

1. Pretérito imperfecto

2. Pretérito indefinido

3. Pretérito perfecto

a. Acción pasada en un periodo de tiempo no terminado.

b. Hablar de una experiencia.

c. Acción pasada en un periodo de tiempo terminado.

d. Descripción de personas, cosas, lugares, acciones habituales y circunstancias.

1. Era un lugar maravilloso, rodeado de naturaleza desde donde se podía contemplar el mar.

2. Esta mañana he comido un bocadillo de jamón riquísimo.

3. Ya he visto la última exposición sobre Goya en el Museo del Prado. ¡Me ha gustado mucho!

4. Ayer hablé por teléfono con Moisés y me lo contó todo.

2.3. Observa los dibujos y completa las frases con el marcador temporal correspondiente.

todos los días   ayer   antes   ahora   hoy

a. _____ estaba muy delgado pero _____ estoy muy gordo.

b. ¡_____ fue el cumpleaños de Ana y no la llamé!

c. _____ corría a la misma hora y por el mismo sitio.

d. _____ me he levantado muy temprano. ¡Me muero de sueño!

2.4. Nos vamos de viaje con la máquina del tiempo al Antiguo Egipto. Busca en la siguiente sopa de letras cuatro palabras relacionadas con este mundo y escríbelas al lado de su significado.

D	E	S	I	E	R	T	O	F	A
O	F	C	M	L	E	I	B	O	E
I	A	T	U	O	I	Y	D	H	S
G	R	Y	I	S	M	U	U	D	E
E	A	Y	U	L	D	I	E	U	O
Y	O	T	O	R	I	P	A	P	G
A	N	S	Y	E	G	A	L	C	S

a. _____Momia_____: cadáver conservado.

b. _____: lugar arenoso, escaso de vegetación y de fauna.

c. _____: planta de cuyos tallos los egipcios elaboraban papel para escribir.

d. _____: rey en el Antiguo Egipto.

2.5. En esta unidad has conocido un nuevo tiempo verbal, el pretérito pluscuamperfecto de indicativo. Marca con una (X) su función.

	Expresar acciones o sucesos en el pasado sin relación con el presente.
	Hablar de hechos terminados en un momento anterior a otro en el pasado.
	Expresar acciones comenzadas en el pasado pero que tienen relación con el presente.

2.6. Fíjate en las siguientes frases en pretérito perfecto y trasládalas a un momento anterior; para ello no te olvides de utilizar las personas y los tiempos adecuados.

Momento anterior al presente	Momento anterior al anterior
a. ¡Qué tarde es y todavía no *se ha levantado* nadie!	**a.** ¡A esas horas de la mañana y todavía no _**se había levantado**_ *(levantarse)* nadie! ¡Qué vergüenza!
b. ¡*Me he olvidado* las llaves en la escuela y no puedo entrar en casa!	**b.** Llegué a casa cansadísimo y me di cuenta de que _____ *(olvidarse)* las llaves en la escuela.
c. ¡Qué rápidos sois! ¡Ya *habéis acabado*!	**c.** A las diez me llamó para decirme que _____ *(acabar, ellos)*. ¡No me lo podía creer!
d. Estás tan moreno porque *has ido mucho* a la playa.	**d.** Me acuerdo de lo moreno que estabas el año pasado; _____ *(pasarse)* todo el verano en la playa.
e. Mi madre *ha preparado* una paella riquísima para todos nosotros.	**e.** Mi madre _____ *(preparar)* una paella riquísima y después nadie tenía hambre.

2.7. Localiza en las siguientes frases las formas del pretérito pluscuamperfecto y reflexiona sobre el momento exacto en el que se producen los hechos.

a. Cuando los papiros llegaron a España, los egipcios ya <u>habían escrito</u> en ellos durante siglos.
**Antes de conocerse los papiros en España.**

b. La última vez que la llamé eran las ocho de la tarde y ya se había marchado. ¡Qué mala suerte!

_____

c. En clase todos hablaban de una película de terror que yo ya había visto.

_____

d. Cuando visitaron Madrid, ya habían recorrido en coche el resto de España.

_____

e. La televisión no funcionaba porque el niño había tocado todos los botones y la había estropeado.

_____

2.8. Lee las siguientes frases y corrige los errores en los tiempos verbales del pasado si es necesario.

a. Ayer ha venido Miguel a visitarme. ¡Qué bien nos lo hemos pasado!
    vino   *pasamos*

_____

b. El profesor de Historia nos habló del Antiguo Egipto, pero a mí ya me lo explicó mi profesor en la escuela.

_____

c. Viví al lado de la playa durante tres años y durante esa época todos los días me levanté a las siete de la mañana para pasear y bañarme en el mar.

_____

d. Mi abuela siempre me contó que escribir en papel de papiro era maravilloso.

_____

e. Cuando llegué a casa, me he duchado porque estuve muy cansado.

_____

2.9. Ordena las siguientes sílabas y encontrarás una profesión; relaciónala con su definición y uno de los personajes históricos. No te olvides de escribir sus nombres debajo.

Físico _____ _____ _____

Profesión	Definición	Personaje
1. _Físico_ •	**a.** Persona que a través de un viaje hacia lo desconocido, conquista nuevas tierras. •	Isabel la Católica
2. _____ •	**b.** Persona que se dedica al estudio de los fenómenos que ocurren en la materia. •	Julio Verne
3. _____ •	**c.** Creador artístico de cuadros. •	Isaac Newton
4. _____ •	**d.** Persona que se dedica al estudio de las cantidades y magnitudes. •	Pitágoras
5. _____ •	**e.** Creador de historias escritas. •	Leonardo da Vinci
6. _____ •	**f.** Esposa del rey o mujer que gobierna por sí misma. •	Colón Cristóbal

2.10. **a. Lee el siguiente fragmento que escribió uno de los personajes anteriores y contesta las siguientes preguntas.**

"(…) Cuando Phileas Fogg dejó Londres no se imaginaba el gran revuelo que iba a provocar su viaje en la sociedad inglesa. La noticia de la apuesta se extendió primero en el Reform Club y produjo una enorme emoción entre los miembros de aquel importante club. Luego, la emoción pasó del club a los periódicos y de estos al público de Londres y de todo el Reino Unido.

Esta cuestión de la vuelta al mundo se comentó, se discutió y se examinó con la misma pasión de un crimen romántico o de un negocio millonario. Unos se hicieron partidarios de Phileas Fogg y otros se pronunciaron en contra de él. Estaban seguros de que realizar una vuelta al mundo en tan poco espacio de tiempo no era solamente imposible, sino que también era insensato. Los periódicos de mayor tirada nacional de la época se declararon contra el señor Fogg y lo trataban como un maniático y un loco y criticaban a sus colegas del Reform Club por aceptar la apuesta (…)".

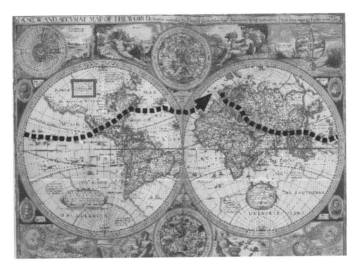

b. ¿Cuál de los siguientes personajes es su autor? Justifica tu elección.

1. Cristóbal Colón   2. Leonardo da Vinci   3. Julio Verne   4. Pitágoras

El autor de este libro es _____ porque_____

c. De los siguientes títulos de novelas de este autor. ¿A cuál de ellas pertenece este fragmento? Justifica tu respuesta.

1. La isla misteriosa.   2. De la Tierra a la Luna.

3. La vuelta al mundo en 80 días.   4. Veinte mil leguas de viaje submarino.

El título de esta novela es _____ porque _____

d. Busca en el texto.

1. Una referencia a "viaje".	2. Un sinónimo de prensa escrita.
_____	_____
3. Lo contrario de: "Unos se hicieron partidarios de Phileas Fogg".	4. Dos calificaciones negativas hacia Phileas Fogg.
_____	_____

3.1. **a.** Forma el condicional simple de los siguientes verbos.

	ESCUCHAR	VOLVER	REÍR
Yo			
Tú			
Él, ella, usted			
Nosotros, -as			
Vosotros, -as			
Ellos, -as, ustedes			

b. Forma el condicional simple de los siguientes verbos.

	CABER	SALIR	DECIR
Yo			
Tú			
Él, ella, usted			
Nosotros, -as			
Vosotros, -as			
Ellos, -as, ustedes			

c. Descubre el verbo escondido. Atención, todos son irregulares.

1. 1.ª persona singular	2. 3.ª persona singular	3. 3.ª persona plural	4. 2.ª persona singular
ATNÍDER	PDAORÍ	AÍERVND	AÍSARVLD
tendría	Podría	Valdrían N	Valdrías S
5. 1.ª persona plural	**6.** 2.ª persona plural	**7.** 3.ª persona plural	**8.** 2.ª persona singular
MIRASBOSA	ARRÍSEIQU	NHBAARÍ	AÍSARSLD
sabríamos	Querrías	Habrían Am	saldrías
9. 2.ª persona plural	**10.** 1.ª persona singular	**11.** 3.ª persona singular	**12.** 1.ª persona plural
IASACBR	APNÍODR	AAHRÍ	OMSIADRÍ
cabríais	Pondría	Haría	diríamos

3.2. Hiro y sus compañeros de la clase de español están jugando a "¿Qué harías tú si...?", pero tienen algún problema con las formas irregulares del condicional. Corrige sus errores y di a quién se refieren.

Profesor/a

Rico/a   Ladrón/a   *volar*

Ministro/a de educación

Médico/a   Astronauta

a.

medico

Susan: Si yo fuera ~~tenía~~, **iría** a un país pobre y **curaría** a las personas sin dinero. También **tenería** una casa grande con muchas habitaciones, allí **poderían** dormir personas sin casa.

~~Amedico~~ tenería
tendría

b.

astronauta

Nadia: Si yo fuera ~~astronoría~~, **viajaría** en naves superrápidas y **descubriría** mundos hasta ahora desconocidos. **Hacería** nuevas amistades y me **enamoraría** de un chico que **tenería** tres ojos y cuatro orejas y además **sabería** hablar perfectamente español.

tendría   sabría   haría

c.

rico

Dietmar: Si yo fuera ~~rico~~, **pasaría** seis meses al año en el Caribe: **nadaría**, **pescaría**, **salería** todos los días a navegar en mi yate... Los otros seis meses **estaría** en los Alpes: **esquiaría**, **hacería** muñecos de nieve y **bebería** chocolate caliente por las tardes. ¡Ummm! ¡Qué bueno!

saldría

d.

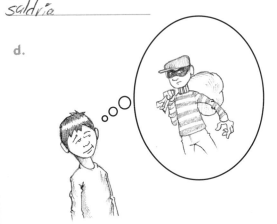

ladrón

Hiro: Si yo fuera ~~ladrón~~, le **robaría** el yate a Dietmar, lo **vendería** y **alquilaría** un avión, con él **volaría** a los Alpes, **entraría** en su casa y me **tomaría** su chocolate.

_____

e.

ministro

Alfred: Si yo fuera ~~ministro~~, **cambiaría** el calendario escolar. Solo **estudiaríamos** seis meses al año, **prohibiría** los deberes y el recreo **duraría** una hora. ¡Ah! Y por supuesto, no **haceríamos** exámenes.

haríamos

f.

Jenny: Pues si yo fuera vuestra *profesor* _____, os **pondría** deberes todos los días, cada viernes **teneríais** un examen, **veniríais** de uniforme y **leeríais** obligatoriamente dos libros al mes.

tendría pondría vendría

3.3. **Completa con la forma correcta del condicional simple.**

a. ¿_____ (Gustar, a ti) venir conmigo al baile de San Valentín?

b. Anoche _____ (ser) las doce y media cuando terminó la película.

c. ¿Qué le _____ (decir) David a Gregorio? Se ha enfadado conmigo.

d. ▶ Me han regalado un cuadro de Picasso. ¿Tú dónde lo _____ (poner)?
▶ Yo lo _____ (colgar) en el salón.

e. ▶ _____ (Encantar, a mí) vivir en una casa en la playa.
▶ Yo _____ (preferir) la montaña: aire puro, olor a hierba…

f. ¿_____ (Importar, a vosotros) no hablar tan alto? No puedo escuchar la tele.

g. ▶ ¿Quién _____ (comerse) la tarta que había en la nevera?
▶ _____ (Ser) Valerio, le vuelven loco los dulces.

h. _____ (Tener, nosotros) que llamar a Virginia, hace muchos días que no hablamos con ella.

3.4. **Completa los minidiálogos con la forma correcta del condicional simple y di cuál de sus usos expresan: cortesía, deseo, probabilidad en el pasado o dar un consejo.**

a. ▶ No sé si ir al centro en coche o en metro.
▶ Yo en tu lugar _____ (ir) en metro, es más rápido.
Uso: _____

b. ▶ ¿_____ (Gustar, a ti) ir al concierto de Estopa?
▶ Sí, _____ (encantar). ¿Qué día es?
Uso: _____

c. ▶ ¿_____ (Gustar, a vosotros) merendar chocolate con churros?
▶ ¡Sí!
Uso: _____

d. ▶ ¿Qué te parecen estos zapatos para la fiesta?
▶ Si yo fuera tú _____ (ponerse) unos sin tacón, _____ (ir) más cómoda.
Uso: _____

e. ▶ Ayer estuve llamando a Paul y comunicaba todo el tiempo.
▶ _____ (Hablar) con su novia. Hablan a todas horas.
Uso: _____

f. ▶ ¿Le traigo algo más?
▶ Sí, por favor. _____ (Querer) otra botella de agua.
Uso: _____

g. ▶ Oye, ¿no oíste el ruido en casa de los vecinos anoche?
▶ Sí, _____ (ser) su gato que se pasa el día paseando por toda la casa.
Uso: _____

h. ▶ ¡Qué aire más bueno!
▶ Pues yo tengo frío. ¿_____ (Poder) cerrar la ventana?
Uso: _____

3.5. **Sustituye los verbos en negrita por un sinónimo. Conjuga el verbo en su forma correcta del condicional simple.**

Conocer   Oír   Desconocer   Catear
Chillar   Terminar   Seguir

Ej. ▶ No entiendo cómo el domingo pudo perderse Melisa.
▶ No **saber** el camino.
No conocería el camino.

a. ► ¿Te has fijado qué afónica está Bárbara?
► **Gritar** mucho en el concierto del sábado.
chillaría

b. ¡Qué enfadada estaba Sara! ¿Nos **escuchar** cuándo estábamos hablando de ella?
oiría

c. ► ¡Qué raro! Ayer Amanda no se presentó al examen.
► **Ignorar** que lo habían cambiado de día.
desconocía que...

d. ► ¿A qué hora acabó la peli anoche?
► No sé, me quedé dormida en el sofá. Pero **acabar** por lo menos a la una.
Terminaría

e. ► Mateo me ha dicho que su padre lo ha castigado todo el mes sin salir. ¿Tú sabes por qué?
► **Suspender** más de tres asignaturas.
cataría

f. ► ¿Te fijaste? El otro día Quique y Roberto no se dirigieron la palabra en toda la tarde.
► **Continuar** enfadados.
Seguirían

3.6. **Escribe la forma correcta del futuro imperfecto o del condicional simple.**

a. ► ¿Por qué bajó Anika al parque?
► *Tendría* (Tener) cosas que hacer.

b. ► ¿Tú sabes por qué entregó Patricia su examen sin terminar?
► *Quedería* (Quedarse) en blanco o no *sabría* (saber) la respuesta.

c. (En el cine)
► ¿A dónde va Pedro?
► No sé, *tendría* (tener) que ir al baño o no *gustaría* (gustar) la peli.

d. ► Este móvil funciona fatal.
► *Sera* (Ser) la batería. Cámbialo.

e. ► La cena que nos hizo Erika estaba buenísima.
► Pues *cocinaría* (cocinar) su madre, porque ella no sabe.

f. ► ¿Por qué no viene Horacio a pasar el fin de semana con nosotros?
► No *tendría* (tener) dinero, *se lo gastaría* (gastárselo) todo en las vacaciones.

3.7. a. **Forma frases usando el condicional cuando sea necesario.**

1. Yo / ponerse / las lentillas. 3

2. Deber / ahorrar / la paga / que / dar / a ti / tus padres. 1
Deberías / dan

3. Yo en tu lugar / vestirse / con / ropa / de / abrigo. 2

4. Yo que tú / programar / el vídeo / y / lo / grabar. 6

5. Si yo fuera tú / ir / a / un / cibercafé. 4

6. Tener / que / ser / más / ordenado, / así / no / perder / las cosas. 5

7. Yo que tú / moverse / sin / parar, / así / entrar / en / calor. 2

8. Yo / no / preocuparse / porque / siempre / repetir / los programas. 6

9. Yo en tu lugar / pedírselo / a / tus abuelos. 1

10. Tener / que / llamar / a / algún / compañero / y / pedírselos. 5
tendrías

11. Si yo fuera tú / ir / a / la óptica / y / de / paso / hacerse / otras gafas / de / repuesto. 3
haría

12. Deber / tranquilizarte. / Venir / a / mi / casa / desde / allí / poderlo / enviar. 4

b. **Relaciona cada problema con dos de los consejos anteriores.**

● **Problema 1:** Quiero comprarme el nuevo juego de la Wii, pero no tengo dinero. ☐ 2/9

● **Problema 2:** En mi casa no funciona la calefacción y hace un frío increíble. ☐

● **Problema 3:** Se me han roto las gafas y no veo nada. ☐

● **Problema 4:** Tengo que envíar un mail urgente y se me ha estropeado el ordenador. ☐

● **Problema 5:** No encuentro mis apuntes de Sociales y tengo que estudiar para el viernes. ☐

● **Problema 6:** Mañana ponen en la tele un documental muy interesante y no podré verlo. ☐

3.8. a. **Busca el nombre de cada animal.**

GA	VE	CA	MO	GA	MI	TO
VA	O	CA	BRA	NOS	JA	HOR

_____   _____

_____   _____

_____   _____

b. **Ordena las frases hechas y complétalas con el animal adecuado.**

1. una / ser / ...

_____

2. una / como / estar / ...

_____

3. cada / su / con / pareja / ...

_____

4. más / que / ser / una / pesado / brazos / en / ...

_____

5. pies / al / tres / buscarle / ...

_____

6. la / en / tener / cara / ...

_____

c. **Relaciona cada frase hecha con su situación.**

1. "Va a empezar el concurso de baile, así que señoras y señores: ¡_____!".

2. ► Mi tía Dolores nos ha regalado 2000 euros a cada uno estas Navidades.
   ► ¡Qué suerte! ¿Es rica?
   ► Más o menos. Siempre ha trabajado mucho y ha ahorrado mucho. _____.

3. ► Ayer cuando Jacinto vio que había aprobado todo, empezó a dar saltos y gritos por los pasillos. Tenías que haberlo visto.
   ► Este chico _____.

4. ¿Queréis dejar de mirarme? ¿Qué pasa? ¿_____?

5. ► ¿Qué tal con Pascual?
   ► ¡Uff! No para de llamarme. Ya estoy harta.
   _____.

6. ► Creo que Jorge no me llama porque está enfadado. O quizá se ha olvidado de mi número de móvil. O es que no le gusto. Seguro que se aburre conmigo. O...
   ► ¡Tranquila! Deja de _____ _____. A lo mejor no ha podido.

Unidad 4

4.1. Paolo, el chico italiano que ha estudiado con nosotros en el nivel A2 sigue aprendiendo español. ¡Ayúdale con el imperativo!

¡Cuántas formas de imperativo: regulares, irregulares, afirmativas, negativas…!

a. Completa las siguientes frases con la forma adecuada del imperativo de los siguientes verbos.

hablar   comer   abrir   completar

subir   entrar   bajar   beber   correr

1. ¡Por favor, **hablad** (vosotros) más bajo! Es imposible escuchar la radio.

2. _____ (usted) este formulario con sus datos personales.

3. Ana, _____ las escaleras despacio. Son diez pisos y nunca haces ejercicio.

4. ¡ _____ (vosotros) un poco y seguro que llegaréis a tiempo!

5. ¡_____ (ustedes), por favor! ¡La película va a empezar a hora mismo!

6. ¡Adrián, _____ las persianas! Se está haciendo de noche y hace frío.

7. ¡ _____ (usted) dos litros de agua al día y se encontrará mucho mejor!

8. _____ (vosotros) la ventana. ¡Hace muchísimo calor!

9. _____ (usted) más despacio, es más saludable.

b. Paolo ha escrito las siguientes frases para practicar el imperativo. Léelas y corrige los errores en caso necesario.

1. La redacción está muy mal. Volve a empezar.
   Vuelve a empezar_____

2. Juguéis con más entusiasmo.
   _____

3. ¡No empecéis de nuevo a discutir! Siempre hacéis lo mismo.
   _____

4. ¡No durmas (vosotros) tanto!
   _____

5. Sigue esta calle hasta el final y encontrarás un supermercado.
   _____

6. ¡Ir a buscarlos! Creo que se han perdido.
   _____

7. ¡Tengáis cuidado! El mar Cantábrico es muy peligroso.
   _____

8. La ciudad por la noche es muy peligrosa. No sales hasta tan tarde, por favor.

_____

9. Sé más prudente. No se puede decir lo primero que te viene a la cabeza.

_____

10. ¡Hazed lo que queráis! A mí me da igual.

_____

11. No estáis tan nerviosos porque el examen va a ser muy fácil.

_____

c. Para Paolo es muy divertido decir "no". Ayúdale a transformar estas frases en su forma negativa.

1. Adrián, bebe la leche.

_____

2. ¡Volved a la cama enseguida! Es muy tarde.

_____

3. ¡Tened cuidado, por favor! El suelo está mojado.

No tengáis tanto cuidado. El suelo no está mojado.

_____

4. ¡Salid de clase ahora mismo!

_____

5. Haced más ruido. Os oirá todo el mundo.

_____

6. ¡Esperadme! Voy ahora mismo.

_____

4.2. **Paolo ha ido a un mercado muy curioso donde venden las últimas novedades en diseño y tecnología y ha comprado "el coche fantástico". Lee su manual de instrucciones y pídele que haga todas las cosas extrañas que sabe hacer.**

Manual de instrucciones

Te felicitamos porque acabas de comprar el mejor coche del mundo. Su inteligencia es maravillosa y hace cosas que ningún coche puede hacer. Habla seis idiomas: alemán, chino, español, francés, inglés y japonés. Es totalmente automático: arranca el motor él solo, cambia las marchas y frena o acelera cuando es necesario. Si te aburres porque no llevas tu música preferida no te preocupes, dile el nombre de tu canción y él mismo la cantará. ¡Es increíble!

Conducir con él es muy seguro porque nota cuando estás cansado y te lo dice. Además, si necesitas dormir, él también te acompaña, incluso puede roncar. Pero no pienses que es un coche aburrido pues sabe contar chistes tan fantásticos como él.

¡Descríbelo!

1. _____

2. _____

3. _____

4. _____

5. _____

6. _____

7. _¡Estás muy cansado, descansa!_

8. _____

9. _____

4.3. Relaciona los dibujos con los problemas, y encuentra una solución.

a. ¡Estoy muy gordo!

b. ¡Me duele la cabeza!

c. ¡Tenemos frío!

d. ¡Estoy tan aburrido!

e. ¡Tenemos sed!

1.

Problema: *¡Me duele la cabeza!*

Solución: *Toma una aspirina.*

2.

Problema: _____

Solución: _____

3.

Problema: _____

Solución: _____

4.

Problema: _____

Solución: _____

5.

Problema: _____

Solución: _____

4.4. Completa los textos con la forma de cortesía de singular del imperativo. Relaciona el texto con el dibujo y escribe su nombre.

a. **Introduzca** *(Introducir)* una o dos rebanadas de pan en el lugar adecuado; _____ *(escoger)* los minutos de duración y _____ *(pulsar)* la tecla de comienzo. _____ *(Esperar)* a que la luz esté apagada y _____ *(extraer)* el pan del aparato. ¡Listo para desayunar! ☐

b. Es muy fácil; simplemente _____ *(elegir)* la graduación correcta del uno al cinco. _____ *(Recordar)* que si la pone al máximo obtendrá más calor. No _____ *(olvidarse)* de desenchufarla al salir de casa. ☐

c. _____ *(Configurar)* el formato, _____ *(seleccionar)* las páginas que necesita y _____ *(marcar)* el tipo de cartucho: blanco y negro o color. ☐

d. _____ *(Llenar)* la mitad de un vaso de agua, _____ *(introducir)* la pastilla en la boca y _____ *(beber)* el agua. ☐

e. _____ *(Ducharse)*, _____ *(secarse)* el cuerpo con una toalla y _____ *(aplicar)* el producto por las piernas de abajo a arriba. ☐

1. _ S _ _ _ _ _ _

2. I _ _ R _ _ _ _ _ _

3. _ _ T _ F _

4. TOSTADORA

5. _ R _ _ A
H _ D _ _ _ _ _ _

4.5. Busca en la sopa de letras cinco imperativos fosilizados y completa las frases.

T	M	I	R	A	D	E
O	O	F	E	E	S	A
M	S	L	S	H	O	Z
A	A	D	O	I	L	F
V	E	N	G	A	T	E
V	A	Y	A	B	D	O
S	O	G	R	E	A	I

a. ¡**Mira**! Allí está la biblioteca. Por fin la hemos encontrado.

b. ¡_____! Juan no puede venir esta tarde. Me da mucha pena.

c. ¡_____! Me parece muy bien; nos vemos a las ocho.

d. ¡_____! Si seguís con esa calma, llegaremos muy tarde.

e. ¡_____! Hemos ganado de nuevo el partido.

4.6. Paolo vive en España desde hace un año pero su madre, que no domina bien el español, le escribe aconsejándole sobre su relación con María. Sustituye en las siguientes frases el nombre por un pronombre si es posible.

a. María me ha dicho que estás enfadado con ella y no le hablas. Por favor, habla a María.
Por favor, háblale.

b. Compra a María un regalo. Le gustará.
_____

c. Sé que María tiene problemas. Ayuda a María.
_____

d. Nunca le dices a María que te gusta. Dile a María que te gusta.
_____
_____

e. María necesita un poco de dinero. Presta dinero a María.
_____
_____

4.7. Paolo ha llamado a su madre y le ha dicho que María no tiene razón. Su madre ha cambiado de opinión, ayúdale a escribir los consejos anteriores utilizando el imperativo negativo.

↳

a. *No le hables.* _____

b. _____

c. _____

d. _____

e. _____

4.8. Coloca las siguientes palabras en su definición correspondiente.

marca   vendedor   creador   comprador

publicista   campaña publicitaria   eslogan

a. Frase corta y fácil de recordar que sirve para hacer publicidad de algo.
eslogan

b. Nombre que se le da a un producto o a una cadena de productos y que lo hace diferente de otro de su misma clase.

c. Persona que compra un producto.

d. Persona que hace publicidad de un producto.

e. Persona que crea o diseña un producto.

f. Persona que vende un producto.

g. Acciones que se realizan en diferentes medios con el fin de anunciar un producto.

5.1. a. **Lee el diálogo y contesta las preguntas.**

Hiro: Oye Dietmar, ¿tú sabes qué es La Tomatina?

Dietmar: Sí, es una fiesta genial que se celebra en Buñol, un pueblo de Valencia.

Hiro: ¿Y de qué va?

Dietmar: Es una batalla de tomates. La gente se tira tomates unos a otros, llega un momento en que no puedes reconocer a los que están a tu lado. Estuve el año pasado con mis padres y para mí, es una de las mejores fiestas que hay en España.

Nadia: Pues yo creo que es una verdadera tontería. ¡Qué manera de desperdiciar comida! ¡Y qué ganas de pringarse de tomate!

Hiro: A mí me parece muy interesante, seguro que es muy divertida. ¿Va mucha gente?

Dietmar: Sí, muchísima, y cada vez más, sobre todo turistas extranjeros y los que más van son los japoneses.

Nadia: ¿Y niños?

Dietmar: No, solo gente joven y algunos mayores. Pienso que no es una fiesta adecuada para los niños. Hay demasiada gente y puede ser peligroso.

Nadia: Pero tú estuviste, ¿no?

Dietmar: Sí, pero la vi desde un balcón. Según mis padres todavía no era lo bastante mayor. Tendré que volver dentro de unos años para vivir la experiencia desde el otro lado.

1. ¿Qué es La Tomatina?	
2. ¿Dónde se celebra?	
3. ¿Qué piensa Dietmar de la fiesta?	
4. ¿Y Hiro?	
5. ¿Y Nadia?	
6. ¿Por qué no participó Dietmar en la fiesta?	

b. **Localiza en el texto los sinónimos de estas palabras.**

combate	malgastar	mancharse	conveniente

c. **¿Con qué formas dan su opinión Hiro, Dietmar y Nadia? Escríbelas.**

1. _____   3. _____   5. _____

2. _____   4. _____

5.2. a. **Relaciona cada tema con la opinión adecuada.**

1. **Los libros**

2. **La política**

3. **El medioambiente**

4. **El fútbol**

5. **La música**

6. **Las películas**

a. Para mí es una bobada. No sé cómo la gente se puede divertir viendo a 22 personas correr detrás de un balón.

b. Según mi opinión, es un tema demasiado complicado. No sé, eso de resolver y gestionar conflictos sociales y…

c. Yo creo que son imprescindibles para la sociedad. Son un medio para transmitir la cultura y no hay nada como una buena historia contada por un buen narrador.

d. Pienso que los humanos están acabando con la naturaleza y si no buscamos soluciones, dentro de unos años no podremos ni respirar.

e. Yo opino que para conocer una buena historia lo mejor es la imagen. Ya lo dice el refrán: "Una imagen vale más que mil palabras".

f. A mí me parece que no podríamos vivir sin ella. Nos transmite tantos sentimientos: alegría, tristeza, etc.

b. **¿Y tú qué opinas? Escribe una frase con tu opinión de cada tema.**

1. Los libros

2. La política

3. El medioambiente

4. El fútbol

5. La música

6. Las películas

5.3. a. **Completa con la forma correcta de *ser* o *estar*.**

1. Leo Messi _____ un gran futbolista y juega en el Barça.

2. A mi prima la han despedido de su trabajo y este verano _____ de dependienta.

3. El reloj que perdí _____ negro y con las agujas rojas. Me gustaría encontrarlo porque _____ un reloj caro y me lo regaló mi tío por mi cumpleaños.

4. El último libro de Pérez-Reverte _____ muy bueno. Me encanta la manera que tiene de contar las cosas.

5. Nuestra nueva profesora de español _____ de Galicia.

6. Lo siento, no he podido terminar el trabajo, _____ que se me ha estropeado el ordenador.

7. Mi amigo Paco _____ tranquilo y muy amable. Le encanta charlar y siempre cuenta chistes muy buenos.

8. Ayer _____ leyendo toda la tarde.

9. Creo que mi PSP _____ rota, tendré que llevarla a arreglar.

10. El chico que ha abierto la nueva tienda debajo de mi casa _____ paquistaní.

b. Relaciona las frases anteriores con su uso.

a. Nacionalidad o procedencia. ☐

b. Descripción de personas. ☐

c. Descripción de cosas, situaciones o acciones. ☐

d. Hablar de la profesión o puesto en una empresa. ☐

e. Justificarse. ☐

f. Valoración. ☐

g. Hablar de un estado en el que se encuentra un objeto o ser. ☐

h. Hablar de una profesión u ocupación temporal. ☐

i. Uso de *estar* + gerundio. ☐

5.4. Completa los textos con *ser* o *estar* y relaciónalos con el dibujo adecuado.

a. _____ una cosa que sirve para colgar la ropa. Normalmente _____ dentro de los armarios. _____ de plástico o de madera.

☐

b. Cintia ha trabajado todo el día y ahora _____ cansadísima, por eso se ha sentado en su sillón favorito. _____ de piel, negro y _____ cerca de la ventana.

☐

c. _____ japonés y _____ muy simpático. Su mejor amigo se llama Paolo, _____ de Italia. Los dos _____ estudiando español en una escuela de Barcelona. ☐

d. ► Paolo, llegas tarde, tus compañeros ya _____ haciendo el examen.
   ► Lo siento profesor, _____ he perdido el autobús. ☐

e. _____ un texto muy complicado, creo que _____ escrito en castellano antiguo porque no entiendo nada. ☐

f. Mi amigo Ángel _____ enfermero, pero hace dos meses se quedó sin trabajo y ahora _____ de guía turístico en Sevilla. ☐

g. Samuel _____ un buen deportista. _____ alto y fuerte y tiene buena salud, casi nunca _____ enfermo. Además _____ muy optimista, siempre ve el lado bueno de las cosas. ☐

5.5. **Aquí tienes otros usos de _ser_ y _estar_. Forma frases con los siguientes elementos y usa el verbo más adecuado.**

a. Expresar el precio total de las cosas.
   euros. / 24
   _____

b. Expresar la fecha, el día en el que nos encontramos.
   agosto. / a / de / 30
   _____

c. Indicar a quién pertenece un objeto.
   fotos / Esa / mi / de / padre. / de / cámara
   _____

d. Expresar el lugar, la situación geográfica de personas o cosas.
   su / tarde. / casa / María / Ayer / en / la / toda
   _____

e. Lugar de celebración de un acto o evento.
   el / La / de / salón / actos. / en / reunión
   _____

f. Expresar las partes del día (de día, de noche, etc.).
   de / ahora / noche. / Montevideo / En
   _____

g. Indicar el material del que está compuesto un objeto.
   perdí / collar / El / que / plata. / de
   _____

5.6. **Subraya el verbo correcto.**

a. Mi abuelo _fue / estuvo_ de mecánico durante la guerra, pero en realidad _estaba / era_ sastre.

b. ► ¡Qué calor hace hoy!
   ► Claro, _es / estamos_ verano.

c. El chico que conocí el viernes _es / está_ de Noruega.

d. ► ¿De quién _es / está_ el libro?
   ► _Está / Es_ de Ernesto.

e. Ya _estamos / somos_ en Navidad. ¡Cómo pasa el tiempo!

f. Leticia _es / está_ muy inteligente.

g. El próximo concierto de Madonna _será / estará_ en Bilbao.

h. Leonardo _estuvo / fue_ en Pekín el verano pasado.

i. La última película de Harry Potter _está / es_ fantástica.

j. La tarta que nos hizo mi madre _estaba / era_ de queso.

k. Hoy los tomates _estaban / eran_ carísimos.

l. ► Chicos ¿habéis entendido la diferencia entre _ser_ y _estar_?
   ► Sí profe, _está / es_ muy claro.

5.7. **Escoge la opción adecuada.**

a. Sinónimo de elegante:
- a. ordinario
- b. cursi
- c. distinguido
- d. presumido

b. Antónimo de extraño:
- a. raro
- b. singular
- c. sorprendente
- d. normal

c. Sinónimo de aventurero:
- a. trotamundos
- b. tranquilo
- c. preocupado
- d. ambicioso

d. Antónimo de sensible:
- a. delicado
- b. fuerte
- c. sentimental
- d. tierno

e. Sinónimo de responsable:
- a. informal
- b. desordenado
- c. prudente
- d. insensato

f. Antónimo de familiar:
- a. desconocido
- b. natural
- c. pariente
- d. conocido

g. Sinónimo de serio:
- a. alegre
- b. formal
- c. divertido
- d. animado

h. Antónimo de complicado:
- a. artificioso
- b. complejo
- c. elemental
- d. difícil

5.8. **Lee las definiciones y localiza los adjetivos en la sopa de letras.**

a. Empieza por A: persona que es agradable y simpática con otras personas.
b. Empieza por D: persona distraída, que se olvida de las cosas.
c. Empieza por D: persona o cosa alegre o graciosa.
d. Empieza por E: persona que se comporta con buenos modales.
e. Empieza por E: misterioso, inexplicable.
f. Empieza por F: persona responsable, seria, puntual, etc.
g. Empieza por I: persona que actúa con libertad y autonomía.
h. Empieza por R: persona sensata, juiciosa.
i. Empieza por S: persona abierta, extrovertida, graciosa.
j. Empieza por T: persona pacífica y reposada.

O	D	I	T	R	E	V	I	D	X	W	Y	E	Z
L	R	R	R	E	D	U	C	A	D	O	H	N	S
I	V	B	G	S	I	D	K	E	O	V	N	I	L
U	J	Ñ	U	P	F	A	R	J	M	F	M	G	Ñ
Q	C	X	F	O	R	M	A	L	P	P	K	M	Q
N	Q	B	L	N	W	G	Y	R	A	S	H	A	A
A	O	D	E	S	P	I	S	T	A	D	O	T	M
R	W	A	T	A	P	E	I	Ñ	X	D	M	I	A
T	C	S	F	B	C	C	H	N	J	T	I	C	B
U	E	V	B	L	O	Z	Z	I	G	Y	H	O	L
D	I	N	D	E	P	E	N	D	I	E	N	T	E

Unidad 6

6.1. Completa la tabla con la forma adecuada del futuro perfecto.

a. Participios regulares

	ESCUCHAR	QUERER	DORMIR
Yo	habré		
Tú		habrás	
Él, ella, usted			habrá
Nosotros, -as			
Vosotros, -as			
Ellos, -as, ustedes			

b. Participios irregulares

	HACER	VER	VOLVER
Yo			
Tú			
Él, ella, usted			
Nosotros, -as	habremos		
Vosotros, -as		habréis	
Ellos, -as, ustedes			habrán

	ABRIR	DECIR	ESCRIBIR
Yo			habré
Tú		habrás	
Él, ella, usted	habrá		
Nosotros, -as			
Vosotros, -as			
Ellos, -as, ustedes			

6.2. En el libro del alumno de este nivel has conocido a dos cantantes españoles: Chenoa y David Bisbal. Lee los comentarios que hacen sobre sus conciertos y transfórmalos en suposiciones.

Afirmaciones de Chenoa	Suposiciones de Chenoa
1. No sé qué *ha pasado* pero todo ha salido muy mal.	a. Todo ha salido muy mal; no sé qué **habrá pasado.**
2. No hemos llegado a tiempo, *hemos cogido* la dirección equivocada.	b. No hemos llegado a tiempo: _____ _____ la dirección equivocada.
3. Los músicos tampoco han llegado puntuales, *se han perdido.*	c. Los músicos tampoco han llegado puntuales, _____ .
4. El batería ha desaparecido un momento. *Ha ido a* comprar bebidas.	d. El batería ha desaparecido un momento. _____ a comprar bebidas.

Afirmaciones de Bisbal	Suposiciones de Bisbal
1. Hay otra cantante en el escenario. *Se ha confundido* de lugar.	a. Hay otra cantante en el escenario. _____ de lugar.
2. El batería no ha aparecido. Nadie lo *ha avisado*.	b. El batería no ha aparecido. Nadie lo _____ .
3. El sonido no ha funcionado. No *han montado* bien las instalaciones.	c. El sonido no ha funcionado. No ___ _____ bien las instalaciones.
4. No me han dejado cantar. No *han podido arreglar* los problemas de sonido.	d. No me han dejado cantar. No_____ _____ los problemas de sonido.

6.3. Observa los siguientes dibujos. Relaciona cada uno de ellos con una situación y su posible causa.

Situación	Posible causa
• Están muy cansados.	• No habrán comido durante todo el día.
• Están muertos de hambre.	• Habrá llovido.
• No encuentran las llaves de casa.	• No habrán dormido bien.
• Están mojados.	• Habrán dejado el monedero en casa.
• No tienen dinero.	• Las habrán olvidado dentro de casa.

Situación: **Están muertos de hambre.**

Posible causa: **No habrán comido durante todo el día.**

Situación: _____

Posible causa: _____

Situación: _____

Posible causa: _____

Situación: _____

Posible causa: _____

Situación: _____

Posible causa: _____

6.4. Completa las frases con la forma adecuada de futuro perfecto o futuro imperfecto de los siguientes verbos.

romperse dormir leer

hacer comer beber

tener pasar hablar ser

a. ► ¿Qué hora es? No llevo reloj.
   ► Yo tampoco pero **serán** las ocho y media más o menos.

b. ► Juan parece cansadísimo.
   ► No _____ en toda la noche.

c. ► María está cada vez más delgada.
   ► _____ muy poco.

d. ► ¡Conoce todos los libros de Harry Potter!
   ► Los _____ todos.

e. ► No sé qué le pasa. No para de temblar.
   ► _____ frío.

f. ► No para de salir agua por el grifo del baño.
   ► _____ la tubería.

g. ► ¡José está muy musculoso!
   ► _____ mucho deporte.

h. ► Bruno ha vuelto muy moreno de sus vacaciones.
   ► _____ el verano en la playa.

i. ► Dicen que es muy difícil entenderle cuando habla inglés.
   ► _____ muy rápido.

j. ► El médico dice que ya está mucho mejor.
   ► _____ las dosis recomendadas de agua al día.

6.5. Las siguientes tarjetas nos presentan problemas sin solución. Laméntate de las situaciones con las diferentes expresiones de condicional.

Recuerda que:

Para lamentarnos por algo que ya ha pasado y que no tiene solución utilizamos:

- ¡*Por qué* + condicional!

- *Debería* + infinitivo compuesto

- *Tendría* + infinitivo compuesto

- *Eso* + pronombre (*me, te, le*…) + *pasa por* + infinitivo compuesto

| 1. No encor..ramos un vuelo barato para ir este fin de semana a Sevilla. | 2. Hace muchísimo frío, hemos traído ropa de verano y no tenemos dinero para comprar algo de abrigo. |

¡Por qué no lo compraríamos antes!

| 3. No puedo quedar con María y no tengo su número de teléfono para avisarla. | 4. El viaje dura por lo menos seis horas y no tenemos nada para comer. |

5. Le he mentido y ahora no me dirige la palabra.

6.6. Indica el grado de probabilidad de los siguientes marcadores.

Seguro que   Supongo que   Creo que   Igual   Me imagino que

Me parece que   Seguramente   A lo mejor

Alta (+)	Media	Baja (-)

6.7. Relaciona las dos columnas y completa las frases con la expresión adecuada.

Expresiones	Función
1. ¡Qué raro! ●	● a. Tranquilizar.
2. ¡No te preocupes! ●	● b. Expresar preocupación.
3. ¿Qué pasará? ●	● c. Expresar extrañeza.

Ana: _____ Juan no ha venido y es siempre muy puntual.

Moisés: Es verdad, todavía no ha llegado.

Ana: Estoy un poco nerviosa, _____

Moisés: Nada, Ana, _____. Llegará de un momento a otro.

6.8. A continuación te presentamos diferentes instrumentos musicales. Relaciona cada definición con su instrumento y escribe el nombre debajo de los dibujos.

a. _ _ _ _ **T** _   b. **V** _ _ _ _ _   c. _ _ _ _ **A** _ _ _   d. *BATERÍA*   e. _ **I** _ _ _

Definiciones	
1. Conjunto de instrumentos de percusión en una banda u orquesta.	**d**
2. Instrumento formado por un teclado o serie de teclas blancas y negras.	
3. Instrumento de cuerda formado por una caja ovalada con un estrechamiento en el centro. La caja tiene un orificio por encima del cual pasan las cuerdas.	
4. Instrumento de cuerda que se toca con un arco.	
5. Instrumento de viento que consiste en un tubo con agujeros que se tapan y destapan para producir los distintos sonidos.	

6.9. Seguimos con las definiciones. En esta unidad has trabajado con léxico relacionado con los concursos televisivos. Completa las frases con alguna de estas palabras y luego defínelas dentro del contexto de los concursos de televisión.

casting | público | presentador/a | jurado | fama | programa | concursante | votación

a. El **jurado** pensó que este chico tenía talento y que llegaría muy lejos. El resultado de la **votación** fue unánime.

Definición: *El jurado es un grupo de personas que en un concurso decide quién es el ganador.*

Definición: _____

b. El **público** aplaudió tanto que no se podía oír la canción.

Definición: _____

c. La **presentadora** anunció a gritos: "¡Ha ganado la **concursante** número 2! ¡Lidia Montes! ¡Enhorabuena!".

Definición: _____

Definición: _____

d. Mi amigo Pablo se presentó al *casting* pero no lo escogieron. Decían que era muy soso bailando.

Definición: _____

e. Es uno de los **programas** con más audiencia de la historia de la televisión.

Definición: _____

f. Después de ganar el concurso, no paró de hacer conciertos en directo, alcanzó una gran **fama**.

Definición: _____

Unidad 7

7.1. Fíjate en los verbos marcados en negrita y colócalos en la columna correspondiente.

1. El sábado **iremos** a casa de Miguel a terminar el trabajo.

2. El otro día **hablamos** con Alfred sobre lo que pasó en la fiesta.

3. Esta canción es muy buena, ¿qué te parece si la **escuchamos**?

4. Si Bettina no ha llegado todavía es porque **habrá ido** a la biblioteca.

5. ¿Cuántos años **tenías** cuando os mudasteis a Granada?

6. ¿**Habéis terminado** los deberes?

7. Yo en tu lugar **llevaría** el bolso negro, es más elegante.

8. ¿**Sabrá** Carlos que hemos quedado aquí?

9. Diego y Andoni **fueron** a Cadaqués el fin de semana pasado.

10. Y tú, ¿**has estado** alguna vez en Cadaqués?

11. Mi cuñado **tenía** un gato que **se llamaba** Curro.

12. ¿Qué le **diría** Ester a Fran? Está muy enfadado.

13. Este lunes **empezamos** las clases. ¡Qué rollo!

14. Dicen que dentro de un mes **habrán finalizado** las obras en el centro.

Presente	Pretérito perfecto	Pretérito indefinido	Pretérito imperfecto	Futuro imperfecto	Futuro perfecto	Condicional

7.2. Escribe el verbo en el tiempo adecuado.

1. Ayer _____ (estar, nosotros) haciendo un examen cuando _____ (entrar) el director en clase.

2. Esta mañana _____ (ir, yo) al museo de Historia, pero _____ (haber) tanta gente que no ____ _____ (poder) entrar.

3. ¿ _____ (Tener, tú) el correo electrónico de Yolanda? _____ (Necesitar) preguntarle una cosa.

4. El viernes cuando _____ (salir, nosotros) de la discoteca _____ (llover) tanto que _____ (tener) que volver a entrar.

5. Gonzalo y tú no _____ (poder) seguir así. Yo que tú le _____ (llamar) y le _____ (pedir) perdón.

6. ¿De qué _____ (hablar, ellos) antes? Estoy intrigada.

7.3. **a.** Hiro todavía no controla la morfología del presente de subjuntivo. Ayúdalo y encuentra los verbos con las sílabas de la tabla.

1. Vosotros, TRAER	7. Ustedes, HABER
2. Nosotros, DEJAR	8. Vosotras, OÍR
3. Ellos, SALIR	9. Yo, HABLAR
4. Tú, VOLAR	10. Ella, ESTUDIAR
5. Él, PODER	11. Nosotras, SABER
6. Yo, SALTAR	12. Tú, TRADUCIR

JE	LES	HA	HA
SE	CAS	MOS	DA
GÁIS	DIE	TRAI	GAN
YAN	TU	GÁIS	PUE
BLE	DUZ	SAL	PA
SAL	ES	VUE	TRA
OI	MOS	DE	TE

1. _____   7. _____
2. _____   8. _____
3. _____   9. _____
4. _____   10. _____
5. _____   11. _____
6. _____   12. _____

b. Ahora, clasifícalos en regulares e irregulares.

Regulares	Irregulares

7.4. **a.** Relaciona los dibujos con la expresión adecuada.

1. ¡Que te mejores!
2. ¡Que aproveche!
3. ¡Que cumplas muchos más!
4. ¡Que tengáis buen viaje!
5. ¡Que sueñes con los angelitos!

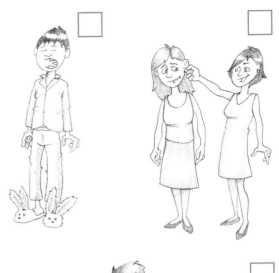

b. Completa los diálogos con la expresión adecuada.

1. ► ¡Uff! Estoy fatal, me duele todo el cuerpo. Creo que tengo fiebre.
   ► Tenías que haber cogido la chaqueta, mira que te dije que hacía mucho frío, pero como nunca me haces caso. En fin, _____ Mañana te llamo.

2. ► ¡Uaaaaaa! Estoy muerto de sueño, hoy me he levantado supertemprano para estudiar así que me voy a la cama.
   ► Que duermas bien y _____

3. ► Oye, eso debe de estar buenísimo.
   ► Sí, y es todo para mí. ¡Hummm! ¡Cómo me voy a poner!
   ► ¿Sabes que el que tiene y no convida tiene un sapo en la barriga?
   ► Tonterías.
   ► Pues…, _____

4. ► ¡Cumpleaños féliz, cumpleaños féliz…!
   ► Gracias.
   ► Feliz cumpleaños y ¡_____!

5. ► ¿Creéis que ese coche va a andar con tanto peso?
   ► Por supuesto.
   ► Bueno, bueno _____ y cuidado por el camino.

7.5. **a. Lee el siguiente diálogo y explica con tus palabras las expresiones en negrita.**

► ¿Ya tenéis preparado todo para el viaje?
► Sí, solamente falta preparar un par de cosas.
► ¿Y a qué hora vais a salir?
► No sé, mi padre quiere salir temprano y ya nos ha dicho que quiere que no nos durmamos. Yo he puesto el despertador a las 5 de la mañana.
► ¡Uf! ¡Qué pronto! A esa hora yo **estaré durmiendo como un tronco**.
► ¡Qué suerte! De todas formas espero poder **echar un sueñecito** en el coche.
► Bueno, Helena, me tengo que ir. Que tengáis buen viaje y espero que me escribas alguna postal.
► Te lo prometo. Nos vemos.

1. **Dormir como un tronco.**
   _____

2. **Echar un sueñecito.**
   _____

b. Subraya en el diálogo las frases para expresar deseos. ¿Conoces alguna estructura diferente? Añádela.

1. _____
2. _____
3. _____
4. _____
5. _____
6. _____
7. _____

7.6. **Hiro ha leído el cuento de *Aladino y la lámpara maravillosa* y se imagina lo que le pedirá al genio si él también se encuentra una lámpara igual. Lee los deseos de Hiro y transforma las frases como en el ejemplo. Usa diferentes estructuras.**

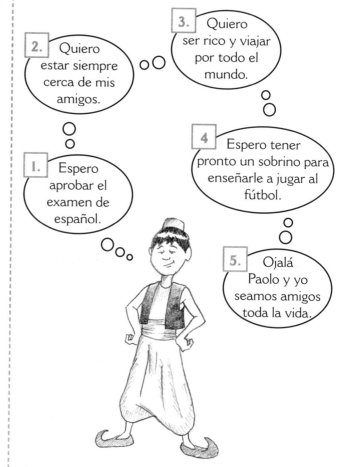

2. Quiero estar siempre cerca de mis amigos.

3. Quiero ser rico y viajar por todo el mundo.

1. Espero aprobar el examen de español.

4 Espero tener pronto un sobrino para enseñarle a jugar al fútbol.

5. Ojalá Paolo y yo seamos amigos toda la vida.

1. *Hiro, espero que apruebes el examen de español.*

2. _____

3. _____

4. _____

_____

5. _____

7.7. **Completa con la forma correcta del presente de subjuntivo.**

1. Espero que Inés y Jorge _____ (ir) a la fiesta del sábado.

2. Ojalá _____ (pasarlo, tú) muy bien en Port Aventura.

3. Espero que este domingo mi hermano _____ (cocinar, a nosotros) una fideuá, la hace buenísima.

4. El aire acondicionado está demasiado fuerte, espero que no _____ (coger, nosotros) un resfriado.

5. Quiero que _____ (explicar, a mí) lo que ha pasado con todo detalle.

6. Deseo que esto _____ (acabar) pronto, ya estoy harta de esta situación.

7. Joaquín quiere que _____ (navegar, nosotros) con él por el río Duero.

8. Espero que _____ (encontrar, tú) mi libro o no te volveré a dejar ninguno.

9. Niños, quiero que _____ (poner) la mesa. ¡Ya!

10. Espero que Karina no _____ (llegar) tarde o perderemos el avión.

7.8. **Completa las frases con el verbo en infinitivo o presente de subjuntivo. Recuerda escribir *que* cuando sea necesario.**

1. Lidia, espero _____ (dar, tú) las gracias al Sr. Sánchez por su ayuda.

2. ¡Marta, Norberto! ¿Cuántas veces os tengo que decir que no quiero _____ (correr) por los pasillos?

3. Óscar me ha dejado su Nintendo para este fin de semana, espero no _____ (romper, la Nintendo).

4. Voy a darle el jarabe al niño, ojalá se lo _____ (beber).

5. Lo siento, de verdad, espero _____ _____ (perdonar, tú, a mí).

6. Pablo, quiero _____ (ordenar) de una vez tu habitación. No pienso repetírtelo.

7. Yo no quiero _____ (ver) esa película. Ya sabes que no me gustan las películas de miedo.

8. Chicos, espero _____ (estudiar) bien la lección. Mañana os la preguntaré.

9. Espero _____ (funcionar) los autobuses porque no quiero _____ (caminar).

10. Mañana nos vamos de excursión, ojalá _____ (hacer) un buen día.

7.9. **a. Aquí tienes un poema de Gloria Fuertes titulado *Todos contra la contaminación*. Escribe los verbos en la forma correcta del presente de subjuntivo.**

Que los hombres no _____ (manchar) los ríos.

Que los hombres no _____ (manchar) el mar.

Que los niños no _____ (maltratar) los árboles.

Que los hombres no _____ (ensuciar) la ciudad.

(No quererse es lo que más contamina, sobre el barco o bajo la mina.)

Que los tigres no _____ (tener) garras,

Que los países no _____ (tener) guerras.

Que los niños no _____ (matar) pájaros,

Que los gatos no _____ (matar) ratones,

Y, sobre todo, que los hombres

no _____ (matar) hombres.

b. Relaciona cada palabra con su antónimo.

1. manchar ●   ● a. menos

2. ensuciar ●   ● b. limpiar

3. maltratar ●   ● c. paz

4. más ●   ● d. cuidar

5. guerra ●   ● e. lavar

c. Ahora, busca en el poema los versos en los que aparecen las palabras anteriores y sigue el ejemplo.

Ej. Que los hombres no manchen los ríos. / Que los hombres limpien los ríos.

1. _____ / _____
2. _____ / _____
3. _____ / _____
4. _____ / _____
5. _____ / _____

7.10. a. ¿Con qué símbolo relacionarías estas palabras?

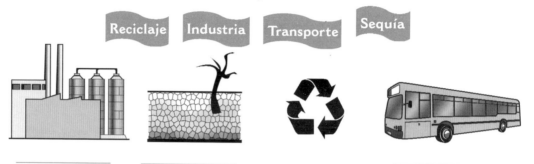

Reciclaje   Industria   Transporte   Sequía

_____   _____   _____   _____

b. Hiro y sus compañeros van a hacer una protesta en contra de la contaminación. Ayúdales a preparar sus pancartas. Aquí tienes algunas palabras que puedes usar.

Reciclar   Contaminación   Basura   Contenedor   Plástico

Ahorrar   Gastar   Proteger   Papel

No queremos que…

Esperamos que…

Ojalá…

Deseamos que…

¡Que… !

Unidad 8

8.1. Lee las siguientes frases y clasifícalas con el marcador de probabilidad en la tabla correspondiente.

> a. *Supongo que* Alberto y Eduardo regresarán mañana de sus vacaciones.
> b. Seguro que llegan los primeros. Son los más puntuales del grupo.
> c. Me parece que Ana se encuentra mal. Tiene mala cara.
> d. A lo mejor voy a Sevilla el mes que viene.
> e. Te llamo y te digo algo seguro, pero igual no voy a la fiesta.
> f. No han venido. Seguramente te llamarán para darte una explicación.
> g. Estoy cansadísimo. Creo que me quedaré en casa.
> h. Me imagino que se habrán quedado dormidos. A veces le pasa esto.

Probabilidad alta	Probabilidad media	Probabilidad baja
	(a) Supongo que	

8.2. Paolo tiene un carácter muy variable. A veces lo tiene todo muy claro y otras duda de todo. Transforma las frases utilizando el marcador de probabilidad adecuado.

¡Lo tengo todo claro!

¡No sé, a lo mejor...!

> a. Mañana vamos a la playa y pasaremos el día allí.
> b. Esta tarde me quedaré en casa y veré una película de miedo.
> c. Ana no ha venido porque está enferma.
> d. El próximo año viajaré por Latinoamérica, me muero por conocer esos países.
> e. No tienen dinero porque se lo han gastado todo este fin de semana.
> f. Edu nunca se baña. No sabe nadar.
> g. Ernesto nunca trae las llaves. Las ha perdido y no lo quiere decir.
> h. Fran no ha llegado todavía porque ha perdido el tren.

a. *(Probabilidad alta):* ***Creo que mañana iremos a la playa y pasaremos el día allí.***

b. *(Probabilidad media):* ....

c. *(Probabilidad baja):* ....

d. *(Probabilidad media):* ....

e. *(Probabilidad baja):* ....

f. *(Probabilidad alta):* ....

g. *(Probabilidad media):* ....

h. *(Probabilidad alta):* ....

8.3. El siguiente círculo contiene palabras relacionadas con el cine. Lee las pistas y escribe su nombre.

a. Empieza por **A**. Mueble en el que se sientan las personas y desde el que se ve la película.

A S I E N T O

b. Empieza por **C**. Se utiliza para hacer publicidad sobre las películas.

— — — — — — —

c. Contiene la **D**. Persona que va al cine para ver la película.

— — — — — — — — —

d. Empieza por **E**. Billete que se compra para poder acceder al cine.

— — — — — —

e. Empieza por **F**. Disposición horizontal de los asientos en la sala del cine.

— — — —

f. Empieza por **G**. Clasificación que se hace de las películas; normalmente por motivos temáticos.

— — — — — —

g. Empieza por **P**. Lugar donde se proyecta la imagen de la película.

— — — — — — — —

h. Empieza por **S**. Habitación donde se proyecta la película.

— — — —

i. Empieza por **T**. Lugar donde se venden las entradas para entrar en el cine.

— — — — — — —

8.4. Completa las frases con la forma adecuada de los siguientes verbos.

ir ■ venir ■ hacer ■ mentir ■ salir ■ beber
dormir ■ leer ■ comer ■ tener ■ ser

a. Quizá _____**vaya**_____ al cine a ver una película de miedo.

b. Posiblemente _____ hasta tarde. Ayer salieron por la noche.

c. Es probable que _____ (yo) en casa de mi abuela. ¡Cocina tan bien!

d. Probablemente te _____. Nunca dice la verdad.

e. Es posible que _____ (yo) las últimas aventuras de Harry Potter. ¡Son tan divertidas!

f. ¿Por qué no lo haces hoy? Quizás mañana _____ demasiado tarde.

g. Pregúntale a Marta. Seguro que _____ el número de teléfono de Alberto.

h. Espera un poquito más. A lo mejor _____ más tarde y puedes hablar con él.

i. Llama a Moisés. Igual _____ esta tarde y podéis quedar.

j. Quizás _____ Coca-Cola, aunque él siempre bebe agua.

k. Tal vez _____ deporte; pero lo dudo mucho. ¡Es tan vago!

8.5. Observa los marcadores de probabilidad y transforma las frases como en el ejemplo.

a. Sus padres tienen una casa en cada isla. *Serán* millonarios.

▶ Probablemente *sus padres sean millonarios, tienen una casa en cada isla.*

b. Mañana empiezan las clases. Llegarán hoy por la tarde.

▶ _____

_____

c. Ha suspendido el examen de Historia. ¡No habrá estudiado lo suficiente!

▶ _____

_____

d. ¿Por qué no habrá contestado Vicente al teléfono? No lo habrá oído.

▶ _____

_____

e. Dicen que Olga siempre está enfadada. Tendrá mal carácter.

▶ _____

_____

f. Olga sigue sin hablar. Estará enfadada como siempre.

▶ _____

_____

8.6. **Paolo es un alumno muy constante y sigue haciendo ejercicios de español. Ayúdale a detectar errores en algunas de estas frases.**

Es probable que este enigma queda sin resolver.

Es probable que este enigma quede sin resolver.

a. Es posible que quieren quedarse este fin de semana, pero no tenemos sitio en casa para tanta gente.

_____

_____

_____

b. A lo mejor busquen otro lugar donde quedarse.

_____

_____

_____

c. Seguro que tenéis suerte y encontráis un lugar donde quedaros a dormir.

_____

_____

d. Me imagino que no les parezca mal si le decimos que no se pueden quedar en casa.

_____

_____

_____

e. Igual le preguntan a María si se pueden quedar con ella.

_____

_____

8.7. **Los siguientes objetos forman parte de expresiones hechas. Escribe el nombre del objeto debajo de cada dibujo y describe la situación de los diálogos con la frase hecha.**

a. **Escribe el nombre del objeto debajo de cada dibujo.**

1.

2.

3. Escribir el adjetivo.

4.

5.

6.

pelota

b. **Describe la situación de los diálogos con una frase hecha que contenga alguna de las palabras anteriores.**

1.

María: ¡Oye! Desde que mi padre es el director de la escuela Juan está muy simpático conmigo.

Fran: Ya lo he visto.

Situación:

Juan le hace la pelota a María.

2.

Ana: ¿Te enteraste lo que pasó ayer?

Raúl: ¡Sí! Menuda discusión entre Marta y Alberto.

Ana: Al final acabó discutiendo toda la clase.

Situación:

_____

3.

María: Ayer esperé una hora a Raúl y no apareció, me prometió que vendría.

Fran: Pues yo le vi que se iba con Eva al cine.

Situación:

_____

4.

Raúl: No sé si María está enfadada conmigo.

Ana: Pues pregúntaselo.

Raúl: Ya lo he hecho, pero empieza a hablar y me cuenta cosas que no tienen nada que ver con lo que le pregunto.

Situación:

_____

5.

María: Siempre que hablo con Raúl me da la sensación de que no me escucha.

Fran: Es muy despistado y casi nunca atiende cuando hablas con él.

Situación:

_____

6.

Raúl: María nunca cree lo que le digo. ¿Por qué será?

Ana: Bueno, ya sabes que María es una persona muy desconfiada.

Situación:

_____

8.8. **Elige la forma adecuada de los indefinidos y completa las frases. Marca con una (A) los adjetivos y con una (P) los pronombres.**

algún • ninguna • ninguno (2) • alguna
algunos (2) • ningún

a. ► ¿Tienes _**algún (A)**_ libro de aventuras para dejarme?

► Lo siento, no tengo _____.

b. Llévate _____ chaqueta de lana. En la montaña hace mucho frío.

c. ► ¿Te gustan los dulces?

► No, no me gusta _____; prefiero las comidas saladas.

d. ► ¿Has visto a mis amigas en la playa?

► No, no he visto a _____.

e. Juan dice que no tiene _____ problema pero yo no me lo creo. ¡Está rarísimo!

f. Lava los tomates antes de comerlos. _____ _____ tienen mucha tierra; los acabamos de coger del huerto.

g. _____ compañeros de mi clase quedan los fines de semana para ir al cine.

8.9. **a.** Ordena las siguientes letras y encontrarás un indefinido.

| 1. L G A O | 2. L G I A E U N | 3. A A D N | 4. A I D E N |

ALGO

b. Completa con los indefinidos anteriores las siguientes frases.

Juan: ¿Pasa __*algo*__ ? Desde fuera se oye muchísimo ruido.

María: No, no pasa _____, tranquilos. Intentamos cambiar algún mueble de sitio y por eso hacemos un poco de ruido.

Juan: ¿Necesitáis que os ayude _____? Yo ahora no puedo, pero llamo a mi hermano para que os eche una mano.

María: Muchas gracias, pero no necesitamos a _____. Nosotros podemos hacerlo; son pocos muebles.

8.10. **Lee con atención el siguiente fragmento de la novela *Obabakoak*.**

Saldría a pasear todas las noches, pero me da miedo, no me atrevo. A veces, cuando estoy un poco animada, bajo hasta el portal de mi casa y me pongo a caminar hacia la estación, y voy todo el tiempo diciéndome Katharina no seas tonta, no importa que las calles estén vacías, tú sigue caminando tranquila y no pienses en esas cosas que aparecen en el periódico porque los periódicos exageran mucho... Pero es que, además, me da un poco de vergüenza pasear sola. Un vecino me dijo: "Cómprate un perro" porque si alguien me pregunta por qué voy de noche dando vueltas por la ciudad, yo le podría responder: "Pues, por el perro porque no quiero que esté todo el día tumbado y se ponga como una foca*". Y además el perro me protegería pues elegiría uno grande, de esos que defienden a sus amos con fuerza; un dóberman, o algo así.

Texto adaptado de *Obabakoak* de Bernardo Atxaga.

_____

* Ponerse como una foca: engordar mucho.

a. Ayuda a Paolo a hacer hipótesis sobre Katharina y transforma las frases con los siguientes marcadores de probabilidad.

1. Katharina es una mujer muy mayor.
   (Seguro que) __*Seguro que Katharina es una mujer muy mayor.*__

2. Katharina tiene miedo porque vive en un lugar muy peligroso.
   (Es probable que) _____

   _____

3. Katharina está loca porque habla sola.
   (Tal vez) _____

   _____

4. Katharina piensa comprarse un perro.

(Me imagino que) _____

5. Katharina necesita un perro que la proteja.

(Es probable que) _____

6. No tiene perro porque no le gustan los animales.

(Igual) _____

7. Katherina prefiere los perros grandes.

(A lo mejor) _____

b. Lee los siguientes adjetivos y escribe (SÍ) si piensas que corresponden con el carácter de Katharina y (NO) en caso contrario. Justifica tu respuesta.

1. valiente _NO_   2. alegre ____   3. solitaria ____

4. sociable ____   5. triste ____   6. habladora ____

1. *Katharina no es una mujer valiente porque tiene miedo de caminar sola por las calles vacías.*

2. _____

_____

3. _____

_____

4. _____

_____

5. _____

_____

6. _____

_____

c. Relaciona las siguientes palabras del texto con su significado:

1. no me atrevo		a. Sin gente.
2. animada		b. Pasear.
3. calles vacías		c. No tener valor para hacer algo.
4. dar vueltas		d. Dueños.
5. amos		e. Estar de buen humor para hacer algo.
6. algo así		f. Puerta de entrada de un edificio.
7. portal		g. Similar o parecido.

9.1.

a. Hiro y Paolo están hablando sobre sus clases de español. Lee el diálogo y completa las frases.

Paolo: Para mí es fundamental hablar en clase porque ¿de qué sirve saber mucha gramática si después no hablas?

Hiro: Sí, estoy de acuerdo, pero yo creo que la gramática es la base, la parte principal de la lengua. Sin gramática no hacemos nada.

Paolo: ¡Qué exagerado! Mi padre tiene un amigo que habla muy bien español y no ha estudiado nunca.

Hiro: Seguro que es Carlos, ese del que me has hablado a veces.

Paolo: ¡No, hombre! Carlos es de Madrid. Se llama George y es de Irlanda. Hace años decidió aprender español y pensó que lo primero que necesitaba hacer era ir a España, así que dejó su trabajo, cogió su mochila y se fue a Granada; allí trabajó en un restaurante durante unos meses y aprendió a hablar perfectamente sin ir a la escuela.

Hiro: Bueno, pero ¿y lo chulo que es ir a clase? A mí me encanta, sobre todo las clases de conversación con Marc, son muy divertidas.

Paolo: Pues yo prefiero las clases de cultura, creo que son muy interesantes, más que las otras clases.

1. Para Paolo lo más importante es
   _____
2. Para Hiro lo más importante es
   _____
3. Para George lo más necesario es
   _____
4. Para Hiro lo más divertido son
   _____
5. Para Paolo lo más interesante son
   _____

b. ¿Y para ti? ¿Qué opinas de aprender español? Completa las frases.

1. Lo más importante es / son
   _____
2. Lo menos importante es / son
   _____
3. Lo más necesario es / son
   _____
4. Lo menos necesario es / son
   _____
5. Lo más divertido es / son
   _____
6. Lo menos divertido es / son
   _____

9.2.

¿Para qué usamos los siguientes organizadores del discurso?

a. Introducir un nuevo argumento o idea.
b. Para concluir / finalizar.
c. Introducir una idea que contrasta con la anterior.
d. Continuar con la siguiente idea o añadir información.
e. Expresar causa.
f. Introducir la enumeración de ideas.

☐	☐
En primer lugar Para empezar Por una parte	En segundo lugar Además Asimismo Por otra parte
☐	☐
Respecto a En cuanto a	Pero Sin embargo
☐	☐
Porque Ya que Puesto que	Por último En definitiva Para terminar

9.3. **a.** Fíjate en los organizadores del discurso y ordena el texto.

1. **Además**, en el interior hay un pequeño arroyo que, según los vecinos del lugar, viene del infierno y llega hasta la cueva principal o de *Las Brujas*.

2. **En cuanto al** paisaje, en la actualidad ha cambiado mucho. Ahora junto a las cuevas podemos ver nogales, robles, fresnos…

3. **De hecho**, en 1610, la Inquisición acusó a 31 personas, la mayoría mujeres, de brujería. Es difícil pensar en aquellas reuniones cuando ves un lugar tan bello.

4. **En conclusión**, si usted quiere vivir una experiencia misteriosa y maravillosa venga a Zugarramurdi. Disfrute con la visita guiada de 30 minutos con un montaje de luz y sonido que le sorprenderá.

5. Vamos a hablar de las cuevas de Zugarramurdi, en Navarra. **En primer lugar**, no tienen estalactitas ni estalagmitas, tampoco pinturas prehistóricas ni lagos fantásticos,

6. **pero** desde hace siglos son centro de atención porque dentro de ellas se celebraban aquelarres, reuniones en las que brujas y brujos se reunían alrededor de una hoguera.

☐ ☐ ☐ ☐ ☐ ☐

b. Busca en el texto la palabra o frase más adecuada para los dibujos.

1. _____

2. _____

3. _____

4. _____

5. _____

c. Contesta las preguntas.

1. ¿Dónde están las cuevas?

_____

2. ¿Qué se celebraba en las cuevas?

_____

3. ¿Cuándo acusaron a 31 personas de brujería?

_____

4. ¿Quién las acusó?

_____

5. ¿Qué tipo de árboles se pueden ver en los alrededores de las cuevas?

_____

6. ¿Dónde cree la gente que nace el arroyo?

_____

7. ¿Y dónde muere?

_____

8. ¿Cuánto dura la visita de las cuevas?

_____

9.4. **Completa el texto con los siguientes organizadores del discurso.**

Además	Por otra parte	Por último
Sin embargo	Por una parte	Para empezar

Almería, esa ciudad tan bella y tan desconocida.

_____ vamos a situarnos, Almería está en el sur de España y es una de las ciudades menos conocidas de nuestro país, _____ es un lugar con mucha historia, con un pasado glorioso. _____, podemos pasear por su rambla, por sus calles con olor a mar. _____, podemos visitar la Alcazaba, fortaleza que ordenó construir Abderramán III. _____, está su puerto, centro de comercio en la época musulmana. Y, _____, su gente: trabajadora, amable, abierta…

9.5. **El *bicing* es un sistema de alquiler de bicicletas en la ciudad de Barcelona.**

a. **Contesta las preguntas utilizando *por* o *para*.**

1. ¿**Para** qué sirve una bicicleta?

_____

2. ¿**Por** qué han puesto en Barcelona el *bicing*?

_____
_____

3. ¿**Para** qué usan los ciudadanos el *bicing*?

_____

4. Muchos turistas usan el *bicing*. ¿**Por** qué?

_____

5. **Para** terminar, ¿crees que el *bicing* es una buena idea?

_____

b. **Ahora lee el texto y comprueba tus respuestas.**

Cuando yo era pequeña las bicicletas eran para el fin de semana o las vacaciones. Hoy, podemos verlas todos los días y a todas horas. La gente no solo usa la bici para pasear o hacer ejercicio sino que la utiliza para ir al trabajo y como transporte público.

En Barcelona pensaron que una buena manera de reducir la contaminación y "vaciar" un poco los autobuses y metro era proporcionar a los ciudadanos un medio de transporte más barato, más rápido y más autónomo. Así nació ***bicing***. Hoy hay en la ciudad carriles bici que recorren toda la ciudad, desde la montaña hasta la playa y de una punta a otra. Hasta los turistas se han apuntado al ***bicing***, es una manera de ahorrar dinero y conocer la ciudad a tu propio ritmo.

9.6. **a. Relaciona cada frase con *para* con su uso.**

1. Quiero el trabajo terminado para el lunes. ●

2. ¿Este regalo es para mí? ●   ● **a.** Plazo de tiempo.

3. Han puesto placas solares para ahorrar energía. ●

4. ¿Para dónde va ese autobús? ●   ● **b.** Destinatario.

5. El premio ha sido para Aquileas Papapoulos. ●

6. El estreno de la última película de Spielberg está previsto para Navidad. ●   ● **c.** Finalidad.

7. ¡Iker! Vamos para casa que es muy tarde. ●   ● **d.** Dirección a un destino.

8. He tenido que comprarme unas botas para la excursión del domingo. ●

b. Relaciona cada frase con *por* con su uso.

1. Tuvimos que pagar 20 € por persona. ●

2. Han dicho por la tele que este fin de semana va a llover. ●   ● **a.** Causa o motivo.

3. ¿Me cambia este helado de chocolate por otro de vainilla? ●   ● **b.** Espacio indeterminado.

4. ¿Nos vamos a dar un paseo por el parque? ●   ● **c.** Tiempo indeterminado.

5. Mis abuelos dicen que vendrán a mi casa por Navidad. ●   ● **d.** Medio.

6. Tuvieron que cerrar el camping por los mosquitos. ●   ● **e.** Distribución o reparto.

7. ¿Has visto mi móvil? Lo había dejado por aquí. ●   ● **f.** Intercambio

8. Le mandaré los resultados por e-mail. ●

9.7. **Escribe *por* o *para*.**

a. Nunca paso _____ aquí porque me da miedo.

b. Tienes que dormir mucho _____ estar bien mañana _____ la mañana.

c. Hay que enviar este documento _____ fax.

d. Ese tren va _____ Valencia.

e. Creo que la reunión de antiguos alumnos será _____ octubre, más o menos.

f. No he estudiado nada, ¿harías tú el examen _____ mí?

g. He comprado un collar _____ mi perro.

h. ¿Has preparado las cosas _____ la fiesta?

i. Necesitáis ir _____ el camino de tierra _____ llegar hasta la playa.

j. Al final hemos quedado mañana _____ la tarde _____ ir al cine.

9.8. Subraya la forma correcta.

a. Gracias *por* / *para* tu ayuda, menos mal que me has ayudado.

b. Mis padres me han comprado una mesa *para* / *por* el ordenador.

c. Busca la información *para* / *por* Internet, seguro que la encuentras.

d. Ayer *por* / *para* la tarde vi a Carmen, iba *para* / *por* su casa.

e. Voy a comprarme un libro *por* / *para* aprender chino en casa.

f. Diego se enfadó tanto que tiró el despertador *para* / *por* la ventana.

g. Mi madre ha hecho unas cortinas *para* / *por* la ventana del salón.

h. Anoche mi hermana estuvo hablando *por* / *para* teléfono con su novio una hora.

9.9. ¿Qué significan estas frases?

1. a. He hecho este trabajo para Paula.

_____

b. He hecho este trabajo por Paula.

_____

2. a. ¿Este pastel es para mí?

_____

b. ¿Este pastel es por mí?

_____

3. a. ¿Por qué has comprado todo eso?

_____

b. ¿Para qué has comprado todo eso?

_____

4. a. Daniel me ha llamado y me ha dicho que vendrá por Navidad.

_____

b. Daniel me ha llamado y me ha dicho que vendrá para Navidad.

_____

5. a. Ese autobús va por la calle Aragón.

_____

b. Ese autobús va para la calle Aragón.

_____

9.10. Fíjate en los dibujos y forma frases usando *por* o *para*. Utiliza estas palabras.

escuela · ser · móvil · peregrino · camino · niebla · flores · cerrado · premio · ir (2) · aeropuerto · hablar (2) · parque · cañón · salir · trabajo · linterna · hombre-bala · teléfono

a. El _____ está _____ _____ la _____.

b. Hiro está _____ _____ _____.

c. Hiro _____ _____ el _____ a la _____ .

d. El _____ _____ _____ Santiago.

e. El _____ _____ disparado _____ el _____ .

f. Estas _____ _____ _____ ti.

g. Necesitamos una _____ _____ alumbrar el _____ .

h. Le dieron un _____ _____ su buen _____ .

i. A Cristina le encanta _____ _____ el _____ .

Unidad 10

10.1. Conjuga los siguientes verbos en pretérito perfecto de subjuntivo.

a. Formas regulares

	HABLAR	BEBER	TENER
Yo	haya hablado		
Tú			
Él, ella, usted			
Nosotros, -as			
Vosotros, -as			
Ellos, -as, ustedes			

b. Formas irregulares

Abrir (yo)	_____	**Poner (tú)**	_____
Escribir (nosotros)	_____	**Descubrir (ustedes)**	_____
Freír (María)	_____	**Decir (yo)**	_____
Hacer (Luis y tú)	_____	**Romper (tú y yo)**	_____
Volver (usted)	_____	**Ver (vosotras)**	_____

10.2. Transforma los verbos en negrita en la forma correspondiente del pretérito perfecto de subjuntivo.

a. Alejandro y Marta dicen que ya **han terminado** las clases.
No creo que Alejandro y Marta _hayan terminado las clases_.
_____

b. Estoy seguro de que **han hablado** con ella.
No estoy seguro de que _____
_____.

c. ¡**Hemos encontrado** el libro!
Es imposible que _____.

d. **Le ha dicho** que es muy impuntual.
No me creo que _____
_____.

e. Juan dice que ya **han regresado** del viaje.
Es probable que _____.

f. Cree que **ha perdido** las llaves.
Yo no creo que _____.

10.3. Paolo se ha convertido en todo un experto en gramática española y corrige los ejercicios a sus compañeros de la clase. Adeléntate a Paolo, señala el error si lo hay y corrígelo en caso necesario.

a. ¡Qué raro que no han regresado del cine!
¡Qué raro que no hayan regresado del cine!
_____

b. Me parece extraño que no te han llamado.
_____

c. Me extraña que te ha gritado. Es siempre tan educado.
_____

d. Es imposible que te haya dicho eso. No te creo.
_____

e. Es posible que vengan esta tarde a ver la película con nosotros.
_____

f. Me parece rarísimo que no han comido. ¡Comen siempre tan pronto!
_____

g. ¡Qué raro que han venido Me dijeron que no podían.
_____

h. No me extraña que tenga dolor de cabeza. La música está a todo volumen.
_____

10.4. Ordena las siguientes frases para que tengan sentido.

a. creo / No / llegado / ya / hayan / Sevilla. / a / que
No creo que hayan llegado ya a Sevilla.
_____

b. hayas / suerte. / tenido / mala / pienso / No /que
_____

c. extraña / perdido. / que / se / haya / Nos /
_____

d. palabras. / mis / Siento / hayan /que / molestado / te
_____

e. ¿ / me / Quieres / quede / más /un / que / rato / ?
_____

f. ¡ / parece / Me / raro / hablado /tan / que / haya / no / te / !
_____

10.5. Busca en la siguiente sopa de letras el nombre de cuatro pintores del mundo hispano. Escribe debajo su apellido.

a.

F	R	I	D	A	B	E	L
H	O	S	L	F	S	T	A
R	O	D	A	V	L	A	S
N	A	O	J	E	S	F	D
L	O	A	R	S	Y	B	O
T	Y	S	D	V	L	T	M
S	O	T	J	E	R	O	P
O	L	B	A	P	S	T	E

b. 1. ***Frida Kahlo*** _____

2. _____

3. _____

4. _____

10.6. Clasifica las siguientes expresiones en el recuadro correspondiente según su tema y completa las frases. Recuerda que en algún caso puede ser válida más de una opción.

a.

Gracias por todo ▪ Me extraña ▪ Te lo agradezco en el alma ▪ Espero que me escribas ▪ ¿Quieres que te ayude? ▪ No te olvides de mí ▪ Me parece muy raro ▪ Genial, gracias, de verdad

Expresar agradecimiento	
Expresar extrañeza	
Despedirse	
Ofrecer ayuda	

b.

1. Cuando llegué estaba todo ordenado. ¡No me lo podía creer! _**Gracias por todo**_.

2. Te creo, pero _____ mucho. ¡Es siempre tan cuidadoso!

3. Me voy mañana de vacaciones, regreso en un mes. _____; te echaré de menos.

4. _____ No tengo nada que hacer y se me da muy bien colgar cuadros.

5. ▶ Me voy un mes con una ONG a Bolivia, no podré escribirte ni llamarte.
   ▶ _____.

6. ¿Has podido comprarme el libro que te pedí? _____.

7. ¿Le has dado recuerdos a mi familia? _____.

8. _____ porque generalmente no se comporta así.

10.7. **a.** Relaciona las expresiones con su significado.

1. Tumbarse a la bartola. ●
2. Hacer cabrear. ●
3. Merecer la pena. ●
4. Ser una lata. ●

● **a.** Enfadar o molestar a alguien.
● **b.** Algo es valioso o útil.
● **c.** Algo que no nos gusta hacer y nos produce aburrimiento o pesadez.
● **d.** No hacer nada.

b. Completa las frases con alguna de las expresiones anteriores.

1. Me ponen muy nerviosa. Se pasan el día _**tumbados a la bartola**_ sin hacer nada productivo.

2. Es tan pesado que al final siempre me _____. ¡No lo puedo evitar!

3. ¡_____ discutir todo el día! No puedo más, quiero estar tranquila.

4. Edu viaja en tren a Galicia. Es más barato pero son muchas más horas que en avión. ¡No_____ _____!

10.8. Lee las siguientes columnas: están clasificadas así porque las palabras tienen algo en común. Escribe debajo de cada una el motivo de la clasificación.

1.	2.	3.
Hablar	Adiós	Abierto
Cantar	Buenos días	Muerto
Mandar	¡Nos vemos!	Frito
Soñar	¡Hasta la vista!	Hecho
Cambiar	¿Qué tal?	Puesto
Trabajar	¡Que vaya bien!	Dicho

Verbos 1.ª Conjugación.		

4.	5.	6.
Es posible	¡Qué extraño!	Pablo Picasso
Es probable	¡Qué raro!	Salvador Dalí
Igual	¡Me parece muy raro!	Joan Miró
Quizás	¡Me parece tan extraño!	Gloria Fuertes
Puede ser	¡Me extraña mucho!	Frida Kahlo
A lo mejor	¡Me parece imposible!	Rafael Alberti

10.9. Fuga de vocales. Completa, primero, las palabras con las vocales del globo y después las frases.

a.

1. escuela
2. r_fl_x__n_r
3. gr_c__s
4. t__tr_
5. r__n__n
6. c_mp_
7. _j_s
8. c_s_

b.

1. Está enfermo. Hace cinco días que no va a la __escuela__ .

2. _____ por todo. Te has portado muy bien con nosotros.

3. Mis padres trabajan en el _____; por eso siempre tenemos fruta riquísima en casa.

4. Tiene unos _____ preciosos de color verde.

5. Mi _____ es muy grande. Tiene más de 200 metros cuadrados.

6. La _____ ha durado más de tres horas y ha sido muy productiva.

7. Una vez al mes vamos al _____. Me gusta más que el cine.

8. Tienes que _____ más. Dices siempre lo primero que te viene a la cabeza.

10.10. **a. En la unidad del libro del alumno has leído un fragmento de la canción de Julieta Venegas, "Me voy". Lee la letra completa y coloca las palabras del recuadro en el lugar adecuado.**

> tuviste ▪ desaparezco ▪ me espera ▪ escuchas ▪ entendí ▪ quiero ▪ me voy
> me despido ▪ supiste ▪ sepa ▪ merezca ▪ salga

Porque no _____ entender a mi corazón,
lo que había en él,
porque no _____ el valor
de ver quién soy.

Porque no _____ lo que está
tan cerca de ti,
solo el ruido de afuera.
Y yo, que estoy a un lado,
_____ para ti.

(Estribillo)

No voy a llorar y decir
que no merezco esto porque
es probable que lo _____
pero no lo _____, por eso...

_____.
¡Que lástima!, pero adiós,
_____ de ti y me voy.
¡Qué lástima!, pero adiós,
me despido de ti y me voy.

Porque sé que _____ algo mejor,
alguien que _____ darme amor,
de ese que endulza la sal
y hace que _____ el sol.

Yo que pensé que nunca me iría de ti,
que es amor del bueno, de toda la vida,
pero hoy _____, que no hay
suficiente para los dos.

(Estribillo)

(Adaptado de "Me voy", *Limón y sal*, Julieta Venegas)

b. Explica con tus propias palabras qué le ocurre a la protagonista de la canción. ¿Por qué deja a su amado?

_____
_____
_____
_____
_____
_____

Índice